BEI GRIN MACHT SICH IHR WISSEN BEZAHLT

AF151525

- Wir veröffentlichen Ihre Hausarbeit, Bachelor- und Masterarbeit

- Ihr eigenes eBook und Buch - weltweit in allen wichtigen Shops

- Verdienen Sie an jedem Verkauf

Jetzt bei www.GRIN.com hochladen und kostenlos publizieren

Bibliografische Information der Deutschen Nationalbibliothek:

Die Deutsche Bibliothek verzeichnet diese Publikation in der Deutschen National-
bibliografie; detaillierte bibliografische Daten sind im Internet über http://dnb.d-
nb.de/ abrufbar.

Dieses Werk sowie alle darin enthaltenen einzelnen Beiträge und Abbildungen
sind urheberrechtlich geschützt. Jede Verwertung, die nicht ausdrücklich vom
Urheberrechtsschutz zugelassen ist, bedarf der vorherigen Zustimmung des Verla-
ges. Das gilt insbesondere für Vervielfältigungen, Bearbeitungen, Übersetzungen,
Mikroverfilmungen, Auswertungen durch Datenbanken und für die Einspeicherung
und Verarbeitung in elektronische Systeme. Alle Rechte, auch die des auszugsweisen
Nachdrucks, der fotomechanischen Wiedergabe (einschließlich Mikrokopie) sowie
der Auswertung durch Datenbanken oder ähnliche Einrichtungen, vorbehalten.

Impressum:

Copyright © 2010 GRIN Verlag, Open Publishing GmbH
Druck und Bindung: Books on Demand GmbH, Norderstedt Germany
ISBN: 9783640622887

Karin Ulrich

Eine Analyse zu Elias Canetti: Masse und Macht

Daraus: "Elemente der Macht"

GRIN Verlag

GRIN - Your knowledge has value

Besuchen Sie uns im Internet:

Technische Universität Darmstadt

Institut für Philosophie

Proseminar

Wintersemester 2009/2010

Elias Canetti: Masse und Macht:

Daraus: <u>Elemente der Macht</u>

Vorgelegt von: Karin Ulrich

Studiengang: JBA Soziologie/Philosophie

Inhaltsverzeichnis   **Seite**

1. Einleitung

Elias Canetti begibt sich in seinem Werk „Masse und Macht" auf die Suche nach den Hintergründen, Abgründen und Faszinationen der Massenbildung und findet Anziehendes und Abstoßendes, Bekanntes und Unbekanntes an den verschiedensten Orten und zu den verschiedensten Zeitpunkten in der Geschichte.

Den zweiten Teil seines Werkes widmet Canetti der *Macht*. Ein Phänomen, das mit der Masse eng verbunden ist. Die Masse hat Macht und groß ist die Verlockung, selbst zu einem ohnmächtigen Teil dieser Macht zu werden, und zu groß ist die Befürchtung als Außenstehender sich gegen die Masse zu stellen. „Der wahre Henker ist die Masse"[1], so ein Zitat Canettis, und je mehr Menschen sich einer Masse anschließen und sie anwachsen lassen, desto gewaltiger und gewalttätiger wird sie. Obwohl sie aus vielen Einzelnen besteht, wird sie zu einer geschlossenen und überwältigenden Macht. Diese Macht kann sich in jede Richtung wenden und sowohl Großartiges als auch Entsetzliches bewirken.

Die folgende Abhandlung beschäftigt sich mit dem Textbeitrag „Elemente der Macht", denen Canetti ein Kapitel seines Werkes widmet. Dabei werden in chronologischer Reihenfolge die Aspekte und Elemente der Macht, die der Autor detailliert untersucht, expliziert und anhand von Beispielen illustriert. Um im Kontext zu bleiben, werden einige Beispiele direkt von Elias Canetti übernommen.

2. Elemente der Macht

2.1 Gewalt und Macht

Gleich zu Beginn dieser Passage grenzt Canetti die beiden Begrifflichkeiten „Gewalt" und „Macht" bereits sehr deutlich voneinander ab. Wenn man seine Ausführungen langsam und konzentriert liest, so bedarf es im Anschluss nur noch weniger Erklärung. „Mit Gewalt verbindet man die Vorstellung von etwas, das nah und gegenwärtig ist. Sie ist zwingender und unmittelbarer als die Macht. Man spricht, verstärkend, von physischer Gewalt. Macht auf tieferen und animalischeren Stufen ist besser als Gewalt zu bezeichnen. Eine Beute wird mit Gewalt ergriffen und mit Gewalt in den Mund geführt. Wenn die Gewalt sich mehr Zeit lässt, wird sie zur Macht. Aber im akuten Augenblick,

---

[1] Canetti: Masse und Macht, S. 56

der dann noch einmal kommt, im Augenblick der Entscheidung und Unwiderruflichkeit, ist sie wieder reine Gewalt. Macht ist allgemeiner und geräumiger als Gewalt, sie enthält viel mehr, und sie ist nicht ganz so dynamisch. Sie ist umständlicher und hat sogar ein gewisses Maß an Geduld."[2] Zur detaillierteren Erläuterung dieser Passage benutzt Canetti das Katz-und-Maus-Bild: Die Maus, die von der Katze gefangen wurde und getötet werden kann, befindet sich in der Gewalt der Katze, sobald aber diese mit ihr zu spielen beginnt, übt sie Macht aus. „Der Raum, den die Katze überschattet, die Augenblicke der Hoffnung, die sie der Maus lässt, aber unter genauster Bewachung, ohne dass sie ihr Interesse an ihr und ihrer Zerstörung verliert"[3], bezeichnen das Wesen der Macht. Im Gegensatz zur Gewalt, die sich durch Dynamik, durch den Augenblick der Entscheidung und durch ihren zwingenden Charakter erklärt, gehören zur Macht etwas mehr Raum, mehr Zeit und ein gewisses Maß an Geduld. Elias Canetti koppelt die beiden Begriffe in der Weise, dass sich die Macht irgendwann der Gewalt bedienen muss.

2.2 Macht und Geschwindigkeit

Für diese Art der Machtausübung nimmt die Geschwindigkeit eine zentrale Position ein, sie ist eine des „Ereilens oder des Ergreifens"[4]. In der Vorstellungswelt der Menschen wurde schon immer Geschwindigkeit mit Macht in Verbindung gebracht, und je schneller das Ereilen und Ergreifen stattfinden konnte, desto größer wurde die Macht beschrieben, die hinter ihr steckte. Dem Menschen sind die Tiere für beides Vorbild gewesen, so Canetti. Das Ereilen hat er an Lauf-Raubtieren, insbesondere am Wolf erlernt, das Ergreifen haben ihm die Katzen vorgemacht. Ereilen und Ergreifen als einen Komplex vereinigen die Raubvögel in sich. Sie erfliegen ihre Beute über lange Distanzen bis sie sie schließlich mit enormer Geschwindigkeit ergreifen.[5] Das Maximum an Geschwindigkeit und Macht wird jedoch dem Blitz zugeschrieben: „Das Schnellste aber ist, was schon immer das Schnellste war: der Blitz."[6] Der Blitz galt, u.a. bei den Mongolen, als die „Hauptwaffe des mächtigsten Gottes"[7], und der sonst so furchtlose Stamm versuchte durch spezifische Riten, wie z.B. auf das Verzehren eines vom Blitz getroffenen Tieres zu verzichten, den Blitz „günstig zu stimmen."[8] Trotz und vielleicht gerade weil die Mongolen einen besonders stark entwickelten Sinn für Macht

---

[2] Canetti: Masse und Macht, S. 333
[3] Ebenda, S. 333
[4] Ebenda, S. 335
[5] Vgl. Ebenda, S. 335
[6] Ebenda, S. 335
[7] Ebenda, S. 336
[8] Ebenda, S. 335

hatten, wurde der Blitz hier als ein „übernatürlicher Befehl"[9] betrachtet. „Wenn er trifft, soll er treffen. Wenn er einen Mächtigen trifft, ist er von einem Mächtigeren entsandt worden. Er dient als die rascheste und plötzlichste, aber auch als die offensichtlichste Strafe."[10]

Als „dramatische"[11] Art der Geschwindigkeit bezeichnet Elias Canetti die „Entlarvung"[12], mit der einem scheinbar harmlosen Wesen die Maske plötzlich – die Betonung liegt auf dem Augenblick – heruntergerissen wird und der sich dahinter verbergende Feind erkannt wird. Das Ereilen konzentriert sich hier auf einen ganz kleinen Raum. Canetti setzt den „Maskensprung"[13] mit dessen Negativ, der Entlarvung, als Mittel der Verstellung ein, d.h. die Verstellung des Feindes wird durch die eigene Verstellung bekämpft. Die anvisierte Entlarvung des Kontrahenten und das letztendliche Gelingen der Operation hängt einzig und alleine von der Raschheit des Vorgangs ab, der obendrein die Machtverhältnisse der beiden Gegenspieler plagiiert.

2.3 Frage und Antwort

In der Frage sieht Canetti ein „Eindringen"[14], und dort wo das Fragen als Mittel der Macht eingesetzt wird, „schneidet es wie ein Messer in den Leib des Gefragten[15] [...] Die Frage, die letzten Endes auf Zerlegung aus ist, beginnt mit Berührung. Sie berührt dann an mehr und an verschiedenen Stellen. Wo sie wenig Widerstand findet, da dringt sie ein."[16] Die Frage, als Element der Macht, hat immer ein ganz bestimmtes Ziel. „Unbestimmte Fragen", so Canetti, „haben keine Kraft und lassen sich leicht abspeisen."[17] Die Frage ist fortwährend auf eine Antwort aus und fesselt so den zu einer solchen gezwungenen an den Fragesteller. Derartige Fragen jedoch, auf die keine Antwort erfolgt, vergleicht Canetti mit verschossenen Pfeilen, sie schaffen kein Eindringen, bleiben isoliert und verleihen dem Fragenden keinerlei Gefühl von Macht. „Denn die Wirkung der Fragen auf den Fragenden ist eine Hebung des Machtgefühls, sie geben ihm Lust, noch mehr und mehr zu stellen."[18] Der Antwortende hingegen unterwirft sich dem Fragenden um so mehr, je häufiger er den gestellten Fragen nachgibt. Dieses Fragen, als Mittel der Macht, existiert auch heutzutage überall, sei es im beruflichen oder priva-

---

[9] Ebenda, S. 336
[10] Canetti: Masse und Macht, S. 336
[11] Ebenda, S. 337
[12] Ebenda, S. 337
[13] Ebenda, S. 337
[14] Ebenda, S. 337
[15] Ebenda, S. 337
[16] Ebenda, S. 338
[17] Ebenda, S. 339
[18] Ebenda, S. 338

ten Umfeld. Doch explizit in der beruflichen Umgebung ist das sog. *Führen durch Fragen* eine altbewährte Strategie, um etwas, sprich Informationen zu erhalten. Wer im Job erfolgreich (und mächtig) sein will, darf Gespräche niemals dem Zufall überlassen. Denn Gespräche entscheiden darüber, ob man die relevanten Informationen bekommt, einen Sachverhalt klärt oder einen Auftrag erhält und die zugehörige Strategie lautet: Wer fragt der führt.

Doch wie kann ich mich vor dem Fragen schützen, die mich in der Situation dem Fragenden unterwerfen? Ein Mittel, so Canetti, ist das Kontern mit einer Gegenfrage, ein anderes wäre durch eine List die Lust auf weiteres Eindringen zu unterbinden. Dazu zählen z.B. ausgedehnte erschöpfende Antworten, die den Fragenden letztlich langweilen und auf andere Personen ablenken oder aber eine Schmeichelei, die die aktuelle Überlegenheit des Fragenden anerkennt, sodass dieser seine überlegene Position selbst nicht weiter zu demonstrieren braucht.[19] Als ein weiterer Schutz gegen das Fragen dient das „Schweigen"[20] auf eine Frage, da darauf verzichtet wird, sich auf eine Antwort festlegen zu lassen. Der Autor vergleicht das Schweigen auf eine Frage mit dem Abprallen einer Waffe an Schild oder Rüstung. In diesem Kontext bezeichnet er ferner das „Verstummen"[21] als eine extreme Form der Abwehr.

Zur Perspektive des Fragens wird nun die des Antwortens aufgegriffen. „Während der Fragende von überall zielen kann; er geht sozusagen um einen herum und sucht den eigenen Standort aus, wie es ihm passt […] legt die Antwort einen fest […] sie zwingt einen, sich an einen bestimmten Ort zu stellen und da zu bleiben."[22] Die Option eines Standortwechsels gibt somit dem Fragen eine Art von Freiheit korreliert mit Überlegenheit und Macht, die der andere nicht hat. Gelingt also dem Fragenden ein Eindringen in den Antwortenden und fixiert er diesen lange genug an einem Ort, so spricht Canetti hier von „Fesselung"[23]. Dazu genügt schon die Frage: „Wer bist du?" und die Antwort: „Ich bin der"[24] und schon ist der Antwortende an einem Ort festgebannt. Der Fragende kann nun diesen mit jedem weiteren und tieferen Eindringen nicht nur festlegen (örtlich wie sprachlich betrachtet), sondern regelrecht fesseln. In diesem Rahmen steuert der Autor den Leser auf die beiden „ältesten Fragen"[25], nämlich die (erste) nach der „Identität"[26] (Wer?) und die (zweite) nach dem „Ort"[27] (Wo?). Und exakt diese beiden Fragen gehören gleichwohl zu den frühsten, die ein Kind zu stellen vermag, nämlich „Wo

---

[19] Vgl. Canetti: Masse und Macht, S. 338
[20] Ebenda, S. 339
[21] Ebenda, S. 339
[22] Ebenda, S. 339
[23] Ebenda, S. 340
[24] Ebenda, S. 340
[25] Ebenda, S. 340 u. 341
[26] Ebenda, S. 340 u. 341
[27] Ebenda, S. 340 u. 341

ist...?, Was ist das? und Wer?"[28] Erst später beginnen die Fragen nach dem „Warum?" oder „Wann?"[29]. Canetti manifestiert seine Argumentation mit der Aussage, dass die erste Frage, die einem Menschen amtlich gestellt wird, wie z.b. bei einem Verhör, seinem Namen gilt und die zweite, auf seinen Wohnort zielt. Alsdann wird die „höchste aller Fragen"[30], die nach der „Zukunft"[31], genannt und laut Elias Canetti ist sie sowohl die „intensivste"[32] als auch die „eine verzweifelte"[33]. Wir jedoch können diese Frage nicht beantworten, sie ist, so der Autor, an die Götter gerichtet, und diese sind nicht zur Antwort verpflichtet. „Die Götter legen sich nie fest, man kann nie weiter in sie dringen."[34]

Als letzten Aspekt zum Themenkomplex *Frage als Element der Macht*, nennt der Essayist die Konstellation, dass die Frage etwas „Trennendes"[35] hat, „sie wirkt wie ein Messer"[36]. Er versteht unter *dem Trennenden* (einer Frage) den Zwang der Entscheidung beim Mitteilen der Antwort auf die gestellte Frage, wie beispielsweise: „Möchtest du Marmelade oder Honig?" Der Antwortende muss sich hier zwischen Marmelade und Honig entscheiden, was Canettis Leseart von Trennung abbildet. Den Punkt der mächtigsten Schärfe aber erreicht die Trennung dort, „wo nur die beiden einfachsten aller Antworten möglich sind, ja oder nein"[37]. Hier sind die beiden Pole genau entgegengesetzt, alles zwischen ihnen wird ausgelassen und die Entscheidung für ein „ja" oder ein „nein" ist von besonderer Verbindlichkeit und Tragweite.

2.4 Das Geheimnis

Als Schutz gegen das Fragen dient das Schweigen, was im vorherigen Abschnitt erörtert wurde, doch auch das „Geheimnis"[38], das dem Akt des Belauerns gleicht, der „seiner Natur nach geheim"[39] ist, dient der Abwehr. Dabei kommt es dem Machthaber einerseits darauf an, sein eigenes Geheimnis zu wahren, andererseits die Geheimnisse der Beherrschten zu durchschauen.[40]

---

[28] Ebenda, S. 340
[29] Canetti: Masse und Macht, S. 340
[30] Ebenda, S. 341
[31] Ebenda, S. 341
[32] Ebenda, S. 341
[33] Ebenda, S. 342
[34] Ebenda, S. 342
[35] Ebenda, S. 341
[36] Ebenda, S. 341
[37] Ebenda, S. 341
[38] Ebenda, S. 343
[39] Ebenda, S. 339
[40] Vgl. Ebenda, S. 346

Doch was hat es nun mit dem Geheimnis auf sich, das, so Canetti, „aktiv im Belauern"[41] beginnt und „unbekannt und passiv im geheimen Dunkel des Leibes"[42] endet? Gleichwohl ist das, was sich im Körperinneren abspielt das „eigentlichste Geheimnis"[43].

2.4.1 Die Macht des Geheimnisses

Elias Canetti illustriert die Macht des Geheimnisses am Beispiel des Medizinmannes der australischen *Aranda*[44]. Bevor der Medizinmann seinen Beruf ausüben kann, muss er verschiedene sonderbare Operationen an seinem Körper vornehmen lassen. Der Medizinmann begibt sich zu den Geistern, die ihn als Bewusstlosen in ihre Höhle holen, ihm alle Organe entnehmen und neue einpflanzen. „Er wird so zu seinem Beruf gestärkt, aber von innen her, seine neue Macht beginnt in seinen Eingeweiden. Er war tot, bevor er beginnen darf, aber sein Tod dient der vollkommenen Durchdringung seines Leibes. Sein Geheimnis ist nur ihm und den Geistern bekannt; es liegt in seinem Leibe."[45] Ein geteiltes Geheimnis bedeutet hier eine starke Form von Verbindung. Dadurch, dass den Geistern das Geheimnis des Medizinmannes bekannt ist, steht er in ihrer Macht. Er lebt in dem Bewusstsein, dass seine Existenz von ihrer Gunst abhängig ist und davon, dass sie ihm wohlwollend gestimmt sind. Handelt er ihnen jedoch zuwider, so besitzen sie die Kräfte, sein Geheimnis zu lüften, was heißt, es aus seinem Innersten heraus zu lösen.

Das Geheimnis des Medizinmannes ist von doppeltem Charakter: Einerseits vermag er Gutes zu tun, denn er besitzt die Macht, Krankheiten zu behandeln. Auf der anderen Seite kommt auch nichts Schlechtes von selbst, „alles ist von einem übelwollenden Menschen oder Geist veranlasst worden."[46] Die Macht des Medizinmannes ist also keineswegs auf das Gute, das Heil beschränkt. Sie ist tatsächlich Macht und zu allem fähig. Dieser „doppelte Charakter des Geheimnisses"[47] ist nicht nur beim Medizinmann festzustellen, auch der Machthaber, von dem er nicht weit entfernt ist, macht ihn sich zu Nutzen. „Der Machthaber, der sich seiner [des Geheimnisses] bedient, kennt es genau und versteht sehr wohl, es nach seiner jeweiligen Bedeutung abzuschätzen. Er weiß, worauf er lauert, wenn er es erlangen will [...] Er hat viele Geheimnisse, da er vieles will und bringt sie in ein System, in dem sie sich untereinander verwahren. Er vertraut dem einen dieses, dem anderen jenes an und sorgt dafür, dass sie sich nie

[41] Ebenda, S. 344
[42] Canetti: Masse und Macht, S. 344
[43] Ebenda, S. 344
[44] Ebenda, S. 344
[45] Ebenda, S. 344
[46] Ebenda, S. 345
[47] Ebenda, S. 346

verbinden können."[48] Der Machthaber ist der Verschwiegenste, er durchschaut, aber ihn darf niemand durchschauen. Seine Position an der Spitze kann er nur halten, indem er so wenig wie möglich von sich selbst Preis gibt. Zwar bindet er Untergebene durch Vertrauensbekundungen an sich, aber jedem vertraut er nur einen Teil an, und die Beobachtung ihres Umgangs mit dem Geheimnis gibt ihm Rückmeldung für deren Vertrauenswürdigkeit und Verlässlichkeit.

Als klassischen Fall solcher Unergründlichkeit nennt Canetti *Filippo Maria*, der letzte *Visconti*, dessen Herzogtum Mailand eine Großmacht im Italien des 15. Jahrhunderts ausmachte.[49] Er verstand und beherrschte sein Inneres so zu verbergen, wie kein anderer. Dies ging letztlich soweit, dass sich der „bewusste und aktive Charakter des Geheimnisses"[50] in ihm verlor und in jener passiver Form aufging, die jeder, im Dunkeln seines Leibes trägt.[51]

„Die Macht des Schweigens wird immer hoch eingeschätzt"[52], folgert der Autor im nächsten Schritt. „Sie bedeutet, dass man allen äußeren Anlässen zur Rede [...] widerstehen kann."[53] Dem Schweigenden wird großes Wissen unterstellt und zugesprochen und man vermutet, „dass er viel an sein Geheimnis denkt"[54], wenn er schweigt. So wie dem Schweigen großes Wissen eingeräumt wird, so ist auch das Geheimnis des Machthabers für sein Volk ein Zeichen seiner unantastbaren Konzentration auf das Wesentliche, das auch, dem Volk gegenüber, Vertrauen schafft. In diesem Kontext sieht Canetti beispielsweise in öffentlichen Parlamentsdebatten eine Basis für den „Zweifel"[55] an den freieren Formen des Regierens. Offenkundig ausgetragene Entscheidungsfindungen liefern häufig ein recht ernüchterndes Bild der Macht: „Mit Hohn hebt man hervor, dass in diesen alles zerredet werde."[56] Obgleich wäre man nach Canetti „vieles zu ertragen bereit, solange es gewaltig und unbekannt daherkommt."[57]

Zum Abschluss des Kapitels richtet der Autor seinen Blick auf die konzentrierten Geheimnisse, die nicht nur den Alleinherrschern anhaften, sondern auch in der Demokratie ihren Platz haben. Sind jedoch zu viele Geheimnisse in einer Hand, so ist dies eine äußerst fatale und gefährliche Situation, sowohl für die Betroffenen als auch für die Bewahrer. Canetti erläutert diesbezüglich: „Als die Konzentration des Geheimnisses bezeichne man das Verhältnis zwischen der Zahl derer, die es betrifft, und der Zahl derer, die es bewahren. Es ist nach dieser Definition leicht einzusehen, dass unsere

---

[48] Ebenda, S. 346
[49] Vgl. Canetti: Masse und Macht, S. 346
[50] Ebenda, S. 347
[51] Vgl. Ebenda, S. 347
[52] Ebenda, S. 348
[53] Ebenda, S. 348
[54] Ebenda, S. 348
[55] Ebenda, S. 349
[56] Ebenda, S. 350
[57] Ebenda, S. 350

modernen technischen Geheimnisse die konzentriertesten und gefährlichsten sind, die es je gegeben hat. Sie treffen alle, aber nur eine winzige Zahl weiß über sie Bescheid, und von den fünf oder zehn Menschen hängt es ab, ob sie verwendet werden."[58] Auch oder gerade vor diesem Hintergrund ist die *Macht des Geheimnisses* gegenwärtig explizit greif- und spürbar.

2.5 Urteilen und Aburteilen

Im Bestreben des Menschen andere oder anderes in die Kategorien Gut oder Schlecht einzuteilen, liegt der Ursprung des „Urteil[s]"[59], und gerade die zuletzt genannte Kategorie scheint dem Menschen eine besondere Freude zu bereiten, nämlich die „Freude am Aburteilen."[60] Exakt dieses Bestreben zeigt die Neigung zum Prozess der feindlichen Meutenbildung, die letztlich in zwei Kriegsmeuten münden[61], die aufeinander losgehen, denn aus „scheinbar friedlichen Urteilen werden dann Todesurteile gegen den Feind. Die Grenzen der Guten sind dann genau abgesteckt, und wehe dem Schlechten, der sie überschreitet. Er hat bei den Guten nichts zu suchen und muss vernichtet werden."[62] Jeder Mensch kann auf diese Weise zum Richter ohne Sachkenntnisse werden, dessen Urteile aber dennoch bindend sind. Dazu Elias Canetti: „Es ist die Macht des Richters, die man sich auf diese Weise zubilligt […] Die Urteilskrankheit ist eine der verbreitesten, die es unter Menschen gibt, und praktisch alle sind von ihr befallen."[63]

2.6 Die Macht der Verzeihung - Gnade

„Die Macht der Verzeihung ist eine Macht, die sich jeder vorhält und die jeder hat"[64], sie wird als eine menschliche Tugend betrachtet: Wer verzeiht, der verzichtet auf Rache an anderen. Die Gnade hingegen beschreibt das Wohlwollen eines Herrschenden, eines Machthabers gegenüber einem (gesellschaftlich) tiefer gestellten Menschen und sie setzt, im Gegensatz zur Verzeihung, die „Verurteilung"[65] voraus. Eben dieser Akt der Verurteilung ist der entscheidende Unterschied zwischen Verzeihung und Gnade. „Die Gnade ist ein sehr hoher und konzentrierter Akt der Macht, den sie setzt die Ver-

---

[58] Ebenda, S. 350f
[59] Canetti: Masse und Macht, S. 351
[60] Ebenda, S. 351
[61] Vgl. Ebenda, S. 352
[62] Ebenda, S. 352f
[63] Ebenda, S. 351f
[64] Ebenda, S. 353
[65] Ebenda, S. 354

urteilung voraus; ohne dass eine solche vorausgegangen ist, kann kein Gnadenakt stattfinden"[66], so die Worte des Autors. Dieser koppelt folgernd die Gnade mit der „Erwählung"[67], denn „es ist nicht Sitte, mehr als eine bestimmte, beschränkte Zahl von Verurteilten zu begnadigen."[68] Die höchste Stufe der Macht erreicht die Gnade allein dort, wo die Begnadigung im letzten möglichen Moment erfolgt, genau da, wo der Tod, den man verhängt hat, vollstreckt werden soll, denn hier erscheint die „Begnadigung wie ein neues Leben."[69]

3. Schlussbetrachtung

Elias Canetti präsentiert dem Leser in diesem Kapitel ganz unterschiedliche Aspekte und Elemente der Macht. Er beginnt mit der grundsätzlichen Unterscheidung zwischen Gewalt und Macht, räumt dabei der Macht mehr Zeit, mehr Raum und mehr Geduld ein, während die Gewalt zwingend und unmittelbar agiert. Letztendlich muss sich die Gewalt der Macht jedoch beugen bzw. die Macht muss sich der Gewalt bedienen. Exakt für diese Art der Machtausübung bedarf es der Geschwindigkeit im Sinne des Ereilens und Ergreifens. Diese beiden Aspekte sind eng mit dem Verständnis der „realen" Beute verknüpft. Darunter möchte ich ebenso die letzte Passage, *Verzeihung und Gnade*, einordnen. Hier geht es zwar nicht um den Akt des Ereilens und /oder Ergreifens der Beute, aber ein zum Tode Verurteilter ist für seinen Machthaber oder Richter auf dessen Weise auch ereilte und ergriffene Beute.

Die verbleibenden drei Unterkapitel beschreiben, meiner Ansicht nach, andere Aspekte der Macht, ich möchte sie einmal als inkorporierte Machtelemente bezeichnen, denn das *Fragen*, *Urteilen*[70] und *Geheim halten / Preis geben* (von Geheimnissen) sind in erster Linie Dinge, die wir meist unreflektiert in unserer täglichen Interaktion mit anderen tun. Um diese Elemente schließlich zu regelrechten Machtelementen zu stilisieren, bedarf es ihrer sicheren Handhabung sowie ihrer reflektierten und zielorientierten Anwendung. So muss ich beispielsweise mit der Frage *Berühren* und *Eindringen* können, ein Herrscher muss die Fähigkeit besitzen sein eigenes Geheimnis zu wahren, andererseits jedoch die Geheimnisse der Beherrschten durchschauen, um seine Macht zu manifestieren.

---

[66] Ebenda, S. 354
[67] Ebenda, S. 354
[68] Canetti: Masse und Macht, S. 354
[69] Ebenda, S. 354
[70] Hier ist **nicht** gemeint das „Urteil sprechen" (bei Gericht) im Sinne von „Verurteilen" durch eine rechtliche Instanz

Doch letztendlich zielen alle hier genannten Aspekte in ein und dieselbe Richtung, sie demonstrieren die Macht ihrer Machthaber mit dem Ziel, den Tod zu umgehen bzw. ihm auszuweichen. Das gehört zu den ältesten und zähesten Tendenzen aller Machthaber.

Literatur:

Elias Canetti: Masse und Macht, daraus: „Elemente der Macht",
S.333 - 353, Frankfurt a.M. 1980.